JN438275

나는 왜 천연기념물이 아닌가

시와문화의 시집 025

나는 왜 천연기념물이 아닌가

장우원 시집

시와문화

■시인의 말

시를 쓴다고 삶이 바뀌는 건 아니었다.
시를, 쓰지 않는다고 삶이 바뀔 것도 아니고
한동안 잊고 살다가
쌀밥에 물릴 나이가 될 즈음

시가 그리웠다. 보고 싶었다.
껴안고 입맞추고 싶었다.

우선 아쉬운 대로 내 젊은 날을 정리했다.
시를 쓰지 않아서 삶이 달라졌다는
믿음으로 불온한 이십대와 삼십 초반을 추스렸다.

2017년 12월
장우원

|차　례|

제2부 돌아가는 길

제3부 즐거운 여행

제4부 나는 왜 천연기념물이 아닌가

제1부

대중탕에서

비

비가 오고 있나.
서러워 목맸던
누나가 오시나.

하늘 끝 끝까지
간다던 누난

누굴 못 잊어,
깊은 밤,
아무도 몰래몰래 비를 뿌리나.

얄팍한 창유리도 깨지 못하고
하나 가득 옹기에도 차지 못할 걸

괜히,
비를 뿌려선,
불면의 벙어리애 속을 태우나.

쌓인 먼지 벗기고
풀잎 한층 푸른데

비는,
누나는,
도랑의 흙물이 되어

자꾸자꾸 어디로 가나.
자꾸자꾸 어디로 가나.

시

무시로 잃어버리는 것
끝도 없는 사랑이다가도
겁도 없이 두렵게 만드는

그래, 겨울 추위의
폭설 같은 것
물러나 앉으면 치떨어야 하는

아아 하지만 사라지지 않고
버릴 수도
맘 편히 챙겨놓을 수도 없는

부딪치고 뒹굴며
주린 뼈만으로 남을 때까지
내 숨결을 대신 내쉬는

그러다 결국
무시로 잃어버리는 것

무시로 잃어버리는 것

귀

귀를 막는다
내 귀는 너무 낡았다
세상에 오래 쓸린 까닭이다
어떤 아픈 감각이 스미도록
수도 없는 비난의 가락질로
귓구멍이 휑하도록
그러면 지축이 울리는 소리와
검지 끝의 호흡 소리와
다시 아픈 감각을 느낀다
내부 귀신의 메아리와
그 참음을 다독이기에
아아 내 귀는 너무 낡았다

겨울 손님

낡은 얼굴
굽은 등을 해가지고
술 끊은 지 오래 됐다며

한 이십은 더 젊은 老婦에게
이마 위 붉은 점
그래서 점동이라고
힘든 웃음을 지어 보이며

그가 찾아왔다

용케 알으셨네요 첫마디에
그저 예, 예 허리를 흔들며
병실이 따듯해 좋습니다고
얼음이라도 금세 떨구듯

그가 찾아왔다

안부 편지

싸이렝
멀리
긴장하는 밤

오늘도 안녕하셨습니까?

환청처럼
싸이렝
멀리

이 밤도 안녕하십시오.

대중탕에서

우리는 새벽종처럼
방울을
딸랑거리기 위해 모였다

이렇게
진짜 홀라당 벗고
서로 똑같이
어디서 방울을 울리겠느냐

모두들 열심히 때를 벗기고
죄만큼씩 열심히 때를 벗기고

허연 살과 뼈를 쓰다듬는다
애인처럼 끌어안는다

보이지 않는 죄
뒷등의 허물이여

우리는 마주 앉아
슬픔을 나눠 가진다

발 없이 일곰을 들이내민다

가장 흉한 곳에서 우러나오는
원시의 알맹이들

진주름 끝자락 방울 소리가
목탁처럼 낮게 깔린다

연을 날리며

손발이 부르트도록
끼니도 잊어가며
우리는 언덕에서
연을 날렸다.

빈 하늘을 채우는
연 꼬리의 일렁임같이
우리들 가슴 속에도 무엇인가,
꿈틀거렸다.

줄을 풀어라!
가지 못한 곳이 너무 많아서
연줄을 풀어라!
키만 자라 덩그만 아이들아

연줄에 묻어나는 보릿순내와
언 땅이 녹아드는
따뜻한 소식들은 흔들리며
줄을 타고 온단다.

풀어라!

소한 대한도 깊어가는 이 겨울을
우리들 고함으로 깨트려 가며
연을 날렸다.
우리들은 언덕에서
배고픔을 날렸다.

되풀이

-始- 형처럼

아이를 갖고 싶다
못 생긴 내 태생
보다는 그래도 좀 나은
튼튼하고 야무진 꿈을 갖고 싶다

가난을 가난이라 욕하지 않고
온갖 비굴에도 용서할 줄 아는
항상 흐르는 미소를 갖고 싶다
일억 몇 천만 분의 일로 태어나
또 그만큼 확실한 피를 나눈
아무래도 아버지론 어색함도 있지만
깡총거리는 육신을 갖고 싶다
아니 같이 있고 싶다

피곤에 녹진할 때나
분노로 바들거릴 때
내 그 놈 엉팡지를 가볍게 때리리
때리리 아파, 씨 아파라
꿈질거리는 그 놈을 꼬옥 껴안고

떠나가는 배라도 불러주리
잠이 들어 세상을 잊으리
희부옇게 밝아오는 그 놈 얼굴에
내 온전한 정신을 모두 건네리

요즈음 나의 꿈 속엔
꿈을 꿈이라 부르지 않는
건강한 아이를 같이 하고 싶다

외출

흐르는 아스팔트를 헤엄친다 끈끈한
신발창, 신열이 왕성하여
이름을 부른다
기로서니 손수레를 구르는 수박처럼
머리통이 상해버렸을까 진종일
편지를 기다리다 정작
배달 시간을 택하여 서두른 외출이 무섭다
거나 변명이다 직시하지 못하는 현실
편지는 오지 않는다
주소불명 또는
수취인 거절
그래서 요즘은 누구든 맞붙고 싶다

노상에서

우리에게 널브러진 길이 많아서
솔직히 움직일 수 없었어
어스름이 포도를 갉아먹기 시작했다거나
충혈된 눈알로 구슬치기를 했다거나
환장하게 싱싱한 추임새로
오리들은 엉덩이를 실룩거렸어
앞으로 혹은 뒤로
좌로 우로
길을 터주면서도
우리는 길을 찾지 못했어
우리는, 유독 우리만일까
적외선을 투과한 골격만 걸어다닌다거나,
십이지장 대장 소장 중장만 보인다거나,
일테면 유방 같은 것
즐비한 진열창
우리가 누구냐고 묻고 싶거든
어느 사거리든 기다려 봐
완성되지 못할 젊음이라고
이미 알고 있는 노상에서

문자에게

–〈먼 그대〉를 읽고

칼을 갈아라 보이지 않게
육신이 닳아서 날이 선 칼을
거기엔 정신만이 오롯이 빛을 내고
낙타의 탯줄이 잘리리, 자르리
먼 그대의 횡포를 지키는
더욱 예리한 아픔의 칼날
앞으로 얼마나 많은 나날을
문자, 당신은 벼려야 할 것인가
끝내 그 날마저 갈리어 없어지면
그 때는 오히려 볼 수 없는 날빛이랴
하여 우리가 고통을 맛보는가
무엇을 누구를 미치게 만드는가
먼 그대 먼 그대 먼 그대 먼 그대
아직도 멀디먼 먼 그대

페리호 갈매기

언제부터였을까 이 고달픈 항해는
뭍에 닿지 못하고 항구의 선술집만
기웃거리며 니나노 박자와 굳은 날개
꿈으로 다가오는 남양군도의 주파수 달고
날고 싶어라 끼이덕 이 쇠붙이의 중량
벗고 싶어라 날고 싶어라

목동 일기 1

아파트 단지 위로 눈이 날린다
질퍽한 땅
철골 일어서는 공사장 위로
눈발 비껴 날리고
잠깐 망치를 멈춘다
찢어진 작업복 사이 내비친 고향
하루 이틀 겪는 추위도 아닌데
새삼 떨리는 삭신
예년보다 이른 눈발을 바라보며
낯선 집짓기 낯선 입주자를 생각하며
다시 망치를 꼬나잡는다

목동 일기 2

에이 피 티겨라… 아
헛망치에 깨진 손
목동 신시가지 12층에 오줌 묻고
흰 피톨 용감하게 고름을 쏟고
잘 짜인 왁구처럼
건전한 시민들의 입주를 위하여
헥헥
평생 내 집이 아닌 집짓기를 위하여
오늘도 식권을 판 막걸리 한 사발

목동 일기 3

죽지 않기 위해 어머님을 생각합니다
힘이 나는 걸요
밥도 많이 먹습니다, 슬픔은
공사장 멀리 도시에 두고 왔습니다
제게 베푸신 이 튼튼함을 감사드립니다
내일의 노동으로 오늘은 일찍 자고
새벽 부은 눈길을 가다가
형틀을 정신없이 올리다가
잠시 황홀한 추락도 내보입니다
건강하세요, 어머님

목동 일기 5

안양천이 새벽빛에 더욱 날카로울 때
올리다만 아파트 터진 틈새로
허기진 구멍들은 하늘을 염탐하고
젖은 신발을 끌며
개활지를 따라 몰리는 家長 행렬
불면의 눈들을 치뜨면
북서풍에 울어대던 철거 계고장이 아룽아룽
夜鳴鳥가 아니라도 밤이 슬퍼서
선새벽 얼어붙은 땅을 밟는다
엄동에 일거리는 줄어 가고
함바를 몰아치는 염려의 숨결
포장마차라도 끌어야지
여기저기서 바투 죄이는 모가지
공사장 깊이깊이 흰 눈이 나려
눈 따라 한량없이 추락을 꿈꾸는데
대낮부터 벌겋게 달아오른 몸뎅이
하루쯤 몸 풀고 쉬어도 좋을끄나
쉬면서 눈싸움이나 즐겁게 해볼끄나

수난기

엔도 슈우샤쿠가 쓴
폐휴지 다발에서 주운
예수의 생애를 읽었다.
전철은
예정된 역을 예정된 속도로 거쳐 갔고
약간 더웠을 뿐
신문은 비율빈의 새 대통령을 실었고
몇 여자가 실없이 웃으면서 감기를 호소하고
생약 성분의 상쾌한 아침을 생각하는 동안
예수와 함께 골고다를 올랐다.
예수께서 말씀하시기를
나를 믿으라 천국이 너희 것이니
불과 검으로써 죄인을 다스릴지니
연신 땀을 훔치면서
갑자기 그가 입을 열었다.
등 뒤 유리를 뚫고 로마 병정의 창이 다가왔을까
탈선을 우려했던 것일까
몇몇은 그를 피해 옆 칸으로 자리를 옮겼고
나는 슈우샤쿠와 골고다를 오르다 말고
사랑이 깊은 예수를 잠시 이별했다.

여전히 떨리는 목소리로
그는 예수를 부르짖었고
나는 부재 예수가 목말랐다.
사랑이 깊으면 그리움도 깊어라,
그에게 노래를 불러주고 싶었다.
마귀와 같은 바리새인처럼 보였을까,
독사의 자식들아
그의 예수가 외치는 동안
슈우샤쿠의 예수는 헌책 속에 있었다.
인간의 고통, 인간의 형벌
전철 바퀴처럼 울대를 울렁거리며
하늘의 영광 땅의 평화를 그는
다가올 수난을 예수는
완전한 운행을 전철은
난항의 정국을 예고하는 신문 가운데
그는 또 메시지를 전파하기 위해
속도를 거스르며 뒷칸으로 건너갔다.
차창 밖 예수의 선혈인 듯 언뜻
십자가들이 더 높은 곳을 향하는 동안
나는 다시 예수의 생애를 펼쳐

갈증에 허덕이는 예수를 따라
자꾸만 자꾸만 목마름을 느꼈다.

충주호에서

초가지붕이랑
헛간의 음침함이랑
물 속에서 누군가 수리하고 있다.

밑으로 밑으로 갈앉으면
손을 맞잡고 부둥켜안아 줄
허연 사람들
허연 사람들

뱃바닥을 두드리며 부르고 있다.

흐린 날

조용히 속삭이고 싶어요
죽어주세요
저 꽃이랑 푸르름이랑
잔뜩 쌓아 놀게요
죽여주세요
문득 올려다본 하늘이듯
문득, 문득 생각해 줄게요
비라도 후둑거리는 날
문가에서 울어 줄게요
저 어둠이듯 바람이듯
돌아갈게요, 죽여주세요

제2부

돌아가는 길

메리 크리스마스 · 이브

알랑꼴라레 알랑꼴라레
여편네하고 남편 놈하고
술 마신다네 목 매달라고
알랑꼴라레 밤도 깊은데
날도 추운데 알랑꼴라레
새끼 자식들 알랑꼴라레
기도하는데 알랑꼴라레
머리채 뽑고 알랑꼴라레
알랑꼴라레 알랑꼴라레

누이를 보내며

시작은 끝이다 아니 끝이
시작이다 나는 안다 누이를
보내는 날 누이가 6인 입실 공장의
기숙사를 향해 떠나는 날 누이가
영등포 여상 3학년으로 다시
돌아가는 날
십삼 번 좌석 비디오가 잘,
잘 보이겠다 좋아하는 누이의 가슴 깊숙이
어머님과 동생이 함께
번지고 있음을 멸장과 미역 줄기
일제히 꿈질거리고 있음을 녹아내리는
아스팔트 끓는 내장 뉘눙그리며
누이 손끝 따라
흔들리고 있음을

장마

형의 음성처럼 머리칼을 곤두세우며
바람이 불고 비가 오는데
양말 속옷가지를
우중충 하늘에 널어놓는다.

일어라 거품
땟국이 시커멓게 흐를 때마다
살갗이 벗겨지는 아픔이 눈을 뜬다.

헹구고 짜고 헹구고 짜고
아무도 없는 빈 방에 항거하듯
타벙타벙 물방울을 튕기며
안부를 주고받는 옆집의 통화를 차단한다.

언제나 마를 것인가, 다시 젖는 속살들
깨진 유리창 사이로 축축한 내부

집 안팎으로 비는 내리고
흰 고양이는 애옹거리는데

말강물이 흐르지 않을 이 너스레들을
몇 번이고 몇 번이고 쥐어짬을 반복한다.

무의탁 보호 감호

그의 지독한 냄새는
이불에 베개에 옷가지에
심지어 재떨이와 숟가락까지 배어 있다

밤마다 그는
한 손엔 가죽 장갑을 끼고
다른 손엔 빨래 방망이를 들고
후여후여 골목을 누빈다

어떤 개새끼를 찾아 헤매는지
그의 두 눈은 정말 개새끼처럼 빛나고
로시난테와 산초의 도움도 없이
새벽에 개선을 한다
그의 개선의 주위엔
멀리 유성들이 물같이 흐르고
땅들이 들먹이며 박수를 친다
박살, 박살, 또 박살
그래서 집안에는 성한 것 없이
그의 치열한 야전을 상징한다

언제나 자유로울 수 있을까
그의 전투 일기엔 날마다 이 말뿐이다
신이여 스스로 깨닫게 하옵소서
그의 기도는 언제나 이것뿐이다

공기 중의 무수한 개새끼들을 향하여
때로 그는 주간 혈투를 벌이기도 한다
며칠씩 식사를 거부한 그의 몸뎅이는
몇 푼의 무게도 채우지 못한 채
언젠가는 이 지상을 날을 것인가
중력과 인력도 상관치 않고
억압과 모멸과 냉대도 구애치 않고
죽음과 영혼도 두려치 않고 비행할 것인가

그러나 그는 어린애처럼 무서워 한다
그를 압도하는 저 세계의 힘
꼼지락거릴 자유마저 감금당한 채
온전한 정신이길 강요 받는다
그의 논리는 산산조각이 나고
그의 싸움은 개지랄로 판명나고

지금 그가 가 있는 곳은
굵은 철망 속
이해의 가능마저 절단당한 채
그는 또 다른 그의 동료들과 어쩔 것인가

진득한 그의 살냄새를 맡으며
살아 있음을 바랄 뿐이다

동화 1

동생은 매운 바람 속으로 떠났다.
구로동의 하늘.
형님은 몇 숟갈 드는 둥 식사를 마쳤다.
만취한 하늘.
밥상머리에 이불을 덮고 내가 앉아 있었고.
어머님이 자그만 소리로 감사 기도를 드렸다.
조 · 찬 · 감 · 사
나는 젓가락을 놓고 잠시 기다렸다. 잠시.
수염이 융숭한 아버님은 책 속에 묻혔다.
액자 두꺼운 먼지.
이빨 없는 엄마.
널브러진 좌판.
나는 또 잠시 아름다울 거 하나 없는 어머님의 얼굴을 올려다보았다.
트럭이 갈무리한 엄마 발가락.
문지방에 하루치 담배 값을 놓으시고
어머님도 매운 바람 속으로 떠났다.

동화 2
–이사

비를 맞으며
누이랑 누이 남편이랑
타이탄 헐떡이는 등짝 위로
짐을 나릅니다.
견고한 슬픔 덩어리,
옹색한 누이의 살림꾸러미, 위로
성긴 빗발이 쏟아집니다. 날이 갈수록
늘어가는 욕심,
만큼이나 살림은 흠나고
그나마 셋방에 들앉지 못한
장롱은 빗속에 추레해집니다.
죄인처럼 비를 맞습니다.
축축한 등 위로
건강한 땀내 흐를수록 불어터져
안쓰러운 짜장발들,
안쓰러운 머릿발들
뱃구레 깊숙이 힘으로 고이려는지, 더 이상
밀려 날 곳이 없을 때,
삶이 절박할 때,

몸뎅이가 보물이 되어줄런지
비 그친 후 맑은 가을날
누이의 시간표대로
누이는, 식을 올릴 수 있으려는지
누이랑 누이 남편이랑
개킨 짐 속의 짐처럼 섞여
독한 술 안주 삼아 한숨 터는 날
비를 맞으며
누이가 또 이사하는 날

동화 3

–낡은 책

그는 신간을 사지 않습니다.
그는 신간을 살 돈이 없습니다.
언젠가 딱 한 번
선생인 그의 동생을 위해 동생의
결혼 기념과 그 동안 미뤘던 모든 것들을 싸매
신간을 샀던 적이 있을 뿐입니다.
그리고 그 동생은 살림을 제금 나갔고,
그는 녹내장으로, 아아 차라리 흐려서 안심인 세상으로
일자리를 찾아 떠났습니다.
밥거리를 찾아 나갔습니다.
동생은 살림을 제금 내면서
책도 함께 가져 왔습니다. 그가 그어 논 무수한 밑줄들
지우지 못하고 따라 왔습니다.
동생은 책을 정리하다가 갈피에서
허연 편지 봉투를 봅니다. 봉투 속에
쓰다만 그의 이력서와, 아직도
얼마를 더 써야 할지 쓰지 않은 많은 이력서가

개켜져 있습니다. 마치 그의 인생을
저당 잡은 것처럼, 떼어 온 것처럼
흐린 눈으로 이력서를 찾아 헤맬 그를 생각하며
낡은 책을 동생은 잘못 가져왔습니다.
자꾸, 자꾸 잘못되었습니다.

동화 4
–선거

셋째 형이 일을 안 나간다
노가다 뒤치다꺼리
자긴 그런 인물 아니라며
대통령과 악수도 했다며
지금쯤 목포 집엔
민정당에서 사람이 왔을 거라며
일당 3만원은 된다며
십이월 대통령 선거를 앞두고
선거 요원이라며
셋째 형이 일을 안 나간다

동화 5
-다시 선거

어매는 버스 타고
여의도엘 가시고
반장집 할매 따라
여의도엘 가시고
돌아오는 길에는
오천 원을 받겠지
눈먼 민주주의
오천 원
우리 어매 어디서 민주주의가 숨쉬는지
우리 어매 민주주의, 잘 돼야 될 텐데

동화 6

–투표

새는 투표하지 않는다
새의 민주주의는 투표가 아니다
새는 부재자도 존재하지 않는다

가엾은 새
투표의 기쁨도 모르고
그 가슴 졸임
그 부패를 모르고

동화 8
–여름 방학

왜 내 주변에는 간첩이 없을까
우리 아버지는, 아니 아버지는 너무했고
고종사촌이나 사촌의 친구 중에
간첩이 하나도 없다니, 실망하던 때가 있었다.

여름 방학이면 대반동을 떠돌다가
더위와 목마름에 지쳐 가게를 기웃거리다가
간첩이 있었으면, 간첩 좀 나타났으면
허기로 늘어진 눈깔 치뜨며
수상한 사람을 찾던 때가 있었다.

북한 괴뢰 도당들은 무얼 하고 있을까
왜 간첩을 내려보내지 않는 걸까

라디오에 오르내리는 그 흔한 간첩들
한 놈만 걸렸으면, 간첩 신고 112
양복에 흙이 묻어 있는 사람,
담배 값을 잘 모르는 사람,
무의식 중에 이북 사투리를 쓰는 사람,

남의 눈을 피하고 밤에 잘 돌아다니는 사람,
그런 사람이 왜 없을까, 내 주위에는

울 엄마 시장에 그만 나가고, 울 아버지
홧술도 좀 가라앉힐 보상금
어디서 굴러다니길래 내 주위에는 없는 것일까

덕지덕지 붙은 전단을 꿰차고
고무신 질질 끌고 선창을 돌아다니며
눈깔을 부라리던 그런 때가 있었다.

아우에게

아우야 네 꿈은 등록금
면제의 밤 깊은 공부
그것만은 아니겠지 이 형의
무능을 용서해라 파장을
추스르는 어머님 굽은
허리 어디쯤 우리가 쓸어 마셔야 할
땀 주름진 얼굴 그래도
뒷날을 기다리신다 아우야
누이도 떠나고 큰방 작은방 장마면
막히는 수채 구멍 더 쓰라릴
그것들이 우리를 압누를 순 없는
내 믿음은 그렇다 요즘은 진종일
건강한 생명을 관찰한다 뿌리가 굳은
수목을 키워야지 아우야
통트는 유달산처럼
예리함을 챙기렴
내 꿈 네 꿈 내 아우야

야웅이

마실이 요즘 너무 길어요.
쌀 봉지가 빈 것을 알았는지
식기를 핥는 법이 없어요, 새벽에
야웅이는 입맛을 다시며
창틀을 유쾌하게 뛰어오지만
몇 번씩 둘러보며 위엄을 부리지만
우리 동네엔 고놈을 상대할 쥐가
좀체로 담 밖에 나오질 않고, 선잠 깬
어느 부엌에서 물세례를 받고도
사랑해 주세요 사냥으로 배불러요
자꾸 아양을 피워요.

한결 태어나다

아들을 보았습니다.

덕분에 학교도 하루 쉬고.

생명에 대한 외경.

드디어 아 · 바 · 지가 되었습니다.

안해도 건강합니다.

닮은 놈.

이뻐 보이는 일 하나로도 여간 즐겁습니다.

취한 눈이

인형을 사고프다
헝클어진 좌판 위에
개판으로 널브러져 있는
저것들의 웃음.

물은아래로흘렀고낮은곳엔그가임하지않았습니다

헬리콥터소리가들리십니까헬리콥터는하늘에서내려와잠긴땅의생명을구하십니다물신의오후헬리콥터는구원으로다가옵니다물을따라뭍에다다르려는들쥐한마리구두코에무참히무너집니다놈에게허여된부동산은매물이없습니다아멘나무관세음악은다시정규방송을타고지붕위에서풀을찾는젖소들에게꽂힙니다드디어벼포기들이땅의식물도감에수중식물로기록됩니다낮은곳은재림한그의형상대신오물을뒤집어쓴벽지검은분노가흐느낍니다길은어디서든물로열리고물살가르는지느러미살아날수없습니다그러나이날을천재로기록하지않겠습니다

음주변 1

술은 이제 내게 맞지 않아.
독재자가 되어 버렸어.
이미 나를 너무 잘 알아서인지
술 먹고 나면 내 기분이 아니야.
술이 나를 강탈하고
나를 조종해. 나를
비싼 안주까지 곁들이면서
마실 필요 없어, 해고야
부패의 균들이 내 머리를 헤집고
술은 매끄러운 활주로가 되어
뜨고, 내리고, 뜨고, 내리고, 도무지
헛갈려, 정신 못 자리겠어
이러다 영 화석이 될라나 겁나
아무데서나 지퍼를 풀고
저 잘난 얘기만 할라나 겁나
벌써, 벌써
그놈들을 싸그리 밀어버리라 할까
의사당도 나발이나 뭉개버리라 할까
죽을래, 신나 끼얹고 그럴까 겁나
나도 입만 살아 있을까 겁나

주독이 풀리면 부끄러워라
다시 검은 가방에 도시락을 챙기고
신문도 쬐끔만 보고, 그것도
스포츠나 연예란만 훑고
횟배만 앓다가 숙취만 나무라다가
이대로 영 끝날까 겁나, 증말

음주변 2

혼자가 아님을 알기 위해 마신다
좋다, 이유없이 마신다 걸레처럼
구겨지고 싶다 시궁창에 내장을 쏟아 놓고
이건 술을 분해하는 간이었단다 지금은 석화되었다
노랗게 똥물처럼 위액이 흐른다 손가락으로
사랑하지 않는다 말하기 위해 마신다
좋다, 청춘이 아까워서가 아니라 순전히
돌아갈 곳이 마땅찮아서 마신다 은은한 주택들의 불빛이
완전히 꺼지기를 기다려 행복한 이천 년대의 주민이 못됨을
비관하며 마신다 마시다 증발하고 싶다 체내
알콜 농축량 백 프로 개새끼들아 짖지 마라 너희
쥔 나으리 밤잠 설칠라 우선 잘 발달된
후각으로 나를 기억하든지 해가 뜨거든 쇠고랑을 목에 차고
나를 잡든지 용용 죽겠지 모르는 게 무서워서
마신다 더 좋다 정작 슬픔이 무엇인지
입을 사용하지 않는 -병정이라든가 그 병정들의 출동이라든가

모든 침묵 앞에서 눈물이 웬말이냐 우스워서 마신다
간이 간 구실을 제대로 못하고
위액은 위벽이나 뚫어 쌓고
일테면 정치도 잘 모르고
데모도 구금도 투쟁도 비껴가지만
내 내장의 통증은 정확하다는 것
가슴이 저리다, 그거 하나 믿고 마신다 상관마시길

주정

모래내 감자국집에서 감자국과 두꺼비 두 마리를 죽이고 어둑신한 거리로 나온 삶은 주석에 풀어 놓은 과거처럼 뒷끝이 께림직한 이즈음 내 말들은 어느 곳에서 스피커와 접속을 기다리는지 주머니를 탈탈 턴 국화 몇 송이에 아내는 취한 나의 귀가를 눈감아 줄라나 잎 떨군 개평 몇 송이 더 건네는 꽃아줌마를 사위기 직전의 꽃대궁이라고 더 야단일려나 만원버스 만원인 내 주취를 국화 향내로 가려 줄까 그나마 향내마저 질식시킬까 흔들 흔들리며 밤이 깊다

제목을 달지 못함

일하는 사람이 아름답다
자신의 수고로
옹이 박힌 손들이 아름답다

건강한 웃음
치장하지 않아도

해거름 편안한 햇살과 맞물려
빛인 듯 어둠인 듯 섞여 흐르는
작업복 물결들

아름다움에 어찌
거대한 분노가 없으랴

어둠을 파낼수록 날 서는 연장들

아름다움에 어찌
젖은 땀이 없으랴

되풀이 2

아이를 가졌다. 드디어
아니다 소유는 금물, 내겐
아들이 있다, 그것도
조금은 지배 의식이 담겼다, 어떻든
나를 아빠라 부르는 아이가 생겼다.

가끔은 피로도 잊게 되지만, 고놈
때문에 밤잠을 설친다, 온통
고난 당하는 장난감처럼
은 아니지만 목 뒤틀린
원숭이 깨진
바둑알 꺾인
색연필 찢긴
그림책 현실은
장난이 아니라는 걸 고놈 덕에
깨우치면서, 내게 주먹을 쥐고 덤비는
아들이 미덥다, 나뿐 아니라
세상에는 맞아 싼 놈이 너무나 많고
내게 그런 것처럼
호령하는 자들을 향해 한 방,

군림하는 자들을 향해 또 한 방
먹이고 또 믹이다 종내는 아내에게
진짜 한 방 먹고 말지만, 고놈
때문에 하루가 새로운 건
사실이다, 이 하늘 아래
내게 딱 한 번의 창조가 있었고
그 창조가 잠든 틈을 타
이 창조를 모방한다

마감

술이나 한 잔 묵어야겄다.

비칠 걸음 대명에 쫓기는 거렁뱅이
뒤춤 흘러내린 속곳처럼
신물나는 내 살림
좌판에 널린 목숨 함께 안주 삼아

술이나 한 잔,
맛나게 묵어야겄다.

돌아가는 길

자네, 보소 저기
목숨 안고 넘어가는 노을

질긴 밤을 뚫고
별은 피를 먹어 저리 하얗게
하얗게 띠를 이룰사
내 안에 홧홧거리는
이 목마름은 언제 그칠런가

팍팍한 땅, 자네 젖가슴만치나
윤기 없는 우리 살림
눈 감아야 보이는 세상

어린 새끼들 모로 누운 가슴팍이
안쓰러운 귀가

보소, 우리 피는 말라붙어
저어기 저 하늘에 가 닿았으니

제3부

즐거운 여행

신동엽

나 돌아가는 날
너는 와서 살라고
신동엽이 그랬다

허구 많은 자연 중
여기 와 너는 살라고
신동엽이 그랬다

나 돌아가는 날
너는 와서 살지 못하고
신동엽이 돌아가는 날
그것도 알지 못하고

당신은 노래로 남아 있다
허구많은 자연으로 스며들었다

밤을 가는 기차와

달리는 난간에 머리 디밀고
운행하는 우주와 인사를 나눈다
남으로 갈수록 많은 별이 떠 있다
띠를 이룬 하얀 영혼들이
어느 별 주위를 감싸고
나지막한 야산 기슭을 부둥켜 떨어진다
빛의 직진과 굴절과 반사
삶의 전진과 굴절과, 반동
집들엔 영혼을 자유롭게 풀어 놓은
육신들이 누워
이역 혹은 저승을 자유롭게 왕래할까
속도를 배반한 담뱃불,
우리는 어디서 꽁초로 남을 것인가
앞과 끝만이 분명할 뿐
우리는 언제쯤 행성이 아닌
별로 항성으로 어둠 속의 표적이 되려는지
잠을 청한 승객들
잠들지 못한 우주의 행려들
열차의 종착이 보이지 않는다

돌아가기 위해서

돌아가는 길을 안다
돌아가기 위해 버스를 기다린다
예정된 시각에 맞춰 버스는 도착한다
예정된 시각에 맞춰 돌아가는 사람들
허리 밑은 이미 어둠에 묻혔다
손잡이를 잡고 공중에 떠서
지상의 속도를 추월하여 달린다
길을 따라서
새로운 사람들이 돌아가기 위해 웅성거린다
돌아갈 곳이 없으나
돌아가는 길을 나는 안다

부유 연습

걸어갈거나
걷다가 어느 죽음과 만나
노랑새가 들려 준 향내를 나눌거나
김제와 이리 중간 쯤
구룡사 가는 뙤약볕 중심 쯤
내가 만난 노랑새
두려움을 건넬거나

죽음 속에 삶은 있는가
산 내 속에 죽음이 있음이야

걸어갈거나
발끝에 채이는 자궁을 붙잡고
내 죽음 내 생명
씨앗을 뿌릴거나

즐거운 여행

태평양으로 가서 국화꽃과 한 잔 하십시다
오늘은 내가 사지요
금성을 봐 주시오, 술값이외다
넘실넘실 안온한 유영
물이 싫다면 태평양을 빠져 나와
타클라마칸 누란 왕궁의 일광 속이나
잉카 고원 부싯돌 아래서
미이라가 경영하는
치킨 분점에나 들릅시다 마셔도 안 취하는
그런 술은 오늘 사절이오 조금만 마셔도 취하는
그런 술도 사절이오 무조건 많이
우리 내일을 위해
클레오파트라 양이 해장국을 준비할 것이니
시이저의 이집트 진군처럼 시원하게
드십시다 히틀러씨 능변이 끝나면
콧수염을 거들먹거리며 제국을 호령하다
이 여행의 종착지에 이르러
헤밍웨이 식으로 또는 미치광이 고흐 식으로든
딱 한 방에 아니 딱 한 잔에
끝내 줍시다

우리야 뭐 자유가 목마르지 않고
사랑이 궁색하지도 않고 死因의 대죄는
적당히 적당히 넘어 갑시다
이리 오세요

연

현준이가 웃는다
다리를 저는 현준이

바람도 잘 부는 체육 시간
맨날 교실에서 만화만 보던
혼자 낙서만 하던 현준이

오늘은 웃으면서
발 디딜 때마다
쾅. 쾅
땅 울리며
꼬리 치렁치렁
양 날개 파르르르
연을 날린다

1층 2층 3층 4층
학교보다 더 높이
공장 굴뚝보다 더 높이
현준이 꿈을 날린다

현준이 손끝 따라
와, 와
아이들의 함성

현준이 꺼다-아-
현준이 꺼다-아-

비행기도 밑으로 가는
날렵한 연을 잡고
현준이가 웃는다
연만큼 씽씽 웃는다

가을

결혼 행진이 들린다

노오란 은행

신부는 희게 웃는다

신랑의 팔을 꼭 잡는다

사진을 찍는다 사진을

하객은 쓸어지듯 설렁탕을 먹는다 설렁탕을

노오오오란 은행

결혼 행진이 멀리서 들린다

참새구이

네 무엇이 새 같잖어서
참새가 되었는지,
들판에 눈이 내리는데
쥐처럼
땅바닥을 나대는 발자욱만으로
네 의심의 올가미 씌워
새가 아니야
새가 아니야
자꾸 뇌이다 보니
난 새야
진짜야
참 새야
자꾸 뇌이다 보니
이리도 마을 가까이
사람 가까이 비행을 증명하다
걸리는구나
총 맞아 죽는구나

목욕탕에서

여자는 벌써 다섯 번째 비명을 지르며
사내에게 짓밟힌다
때를 밀고 나서도
사람들은 잔인한 꿈을 꾸고 있다
아빠를 따라 온 세살박이는
쵸코우유를 흘리며
빈혈의 정사에 끼어든다

신호등

아들아, 가자
파란 불이다, 아들아
우리는 하냥 없이 우리 목숨을
저 깜박이는 쇠붙이에 맡겼구나

말 없는 시간

불안했어
티이브이의 권투중계
피가 터지는 흑인 도전자
이국 관중들의 야유
레지는 단골 손님 곁을 맴돌다
살짝 살을 맞대고
그 때 나는 도봉산을 생각했던가
뒤켠 인수봉의 죽음을 보았던가
손이 떨렸어
나는 권투를 보고 있었고
너는 시계만 만지작거렸고
주머니가 비었다거나
잦은 외박으로 누런 이빨이 치욕스럽다거나
배가 고픈 것도 아니야
어떡할래
갈래 기다릴래 기다려주었어
남의 옷을 입어서인지
불편한 자리 우스워라
동반으로 영원 극락 도솔천으로
자꾸만 흘러내리는 바지를 조종하며

혁대가 모가지를 걸 수도 있겠다
그걸 생각했어

생각

풍경은 아름답다, 내가 빠진
나무. 차. 상점. 하늘

죽음도 아름답다. 실수했다 내가 빠진
죽음은 아름답지 않다. 실수했다, 실수는
추악하다.

자가운전

자전거를 타는 순간
나는 새로운 세계
새로운 질서를 경험한다
멀리 물러나는 행인들 너머
일단 정지, 깜박이 등
서야 할 때와 돌아갈 때를
모두들 인정하고
나의 안전은 내가 조율한다
신문의 정치란과 답답함과
사회면의 수선함과 불안과
넘치는 호송차와
이런 나의 손아귀 밖에서 조율당하는
사건은 잊기로 한다
간혹 주정 때나
죄처럼 숨어서 떠들어 댈 뿐
잘 굴러가는 자전거 위에서
사슬이 벗겨지지 말기를 굴러가기 위해서

붕어의 이유

꼽슈?
당신이 내미는 사료
내사 안 먹든 말든
안 먹고 모래나 삼키든 말든
삼켜서 당신 향해 내뱉든 말든
유리에 부딪쳐
내 의도는 무참히 작살나지만
천만에,
당신은 살 오른 내 몸뎅이
화려한 지느러미를 원하지만
천만에, 천만에
나는 유연하게 춤도 안 추고
산소 발생기도 개의치 않고
당신의 물레방아를 신기해하며
아귀도 다투지 않고
다만 물만 마신다
플랑크톤, 오, 그리운
이제 그런 것은 없고
나는 말라 간다
당신의 염려

말라 가지만 당신의 의도도 빗나간다
내 몸이 마를수록
커지는 하늘, 당신은 더욱 맛난
사료를 더욱 많이 떨구어 주지만
모를 것이다
내 마름
말라서 나는 당신 향해
허연 뱃가죽을 들이밀리라
최후에 비로소
의도 적중
당신의 치명상

이별

언제 만난 적이 있었던가
만나서 알몸인 적이 있었던가
네 등을 통해
아직 시절이 아님을
굴절이 허용되지 않는 시각
인간의 사각
그게 진실이라고
네 등만 보며
얼굴은 보지 못 하며
박수를 칠까
한숨을 내쉴까
스스로 마음마저 질팡거린 채
언제 우리가 하나였던가
하나일 수 있을 것인가
사금파리 같은 절망 앞에서
우리가 용해될 수 있는 물
사랑이라니,
당찮은 말씀이려니…

광고1

–쌍용 증권

반갑습니다, 저를 기억하시죠?
언제나 깔끔하게 당신들의 머리 위에서
혹은 옆구리에서 혹은 뒤통수에서
원하신다면 당신의 사정 직후에도
뒷짐을 쥔 채 웃는 이 미래의 꿈
카이젤 수염도 수염이지만
콧등이 땡기는 안경도 안경이지만
까짓 양복이 문제가 아니라
내가 가장 좋아하는 초콜릿 회사의
주주가 된 것도 된 것이지만
(아아, 미안합니다. 아직 주식을 못 사셨군요.)
부모님은 나를 위해 주식을 트셨고
것보다는 선진 조국의 기업에서는
나의 미래를 위해 일찍부터 손을 잡아 주었으니
빽빽한 전철, 용서하세요, 기성세대여
내 앞날은 아마 이렇진 않으리니
제 이 천진한 미소를 보시고
우리들의 밝은 미래 광명을 보시고
축하해주세요, 나도 이제 어엿한 주주랍니다.

광고 3
–비너스

어쩌자고 그러셨는지
당신이 신촌 지하에 서 있든 말든
앞가슴과 둔부를 강조했든 말든
밤이나 낮이나 죽치고 서서
헤벌레 웃고 있든 말든
솜털까지 내보일 정도로 가까이
겉옷을 입었든 말든 아아
뻥
뚫려 지져진 당신의 …아름다운…

광고 4

-아락실

대기를 벗어난 로켓이듯
그렇게 시원해요 배설의
힘찬 추진, 이대로
지상을 잊을래요,
날아갈 것 같아요

광고 7

–팬티라이너

상쾌한 하루를 위해서는
라이너 마리아 릴케는 몰라도
팬티 라이너는 알아야 하는 시대

광고 8

귀가 잘못되었나보다

비、시、로、사、세、요

속삭이는 여자 목소리

나는 자꾸자꾸

빚으로 사세요

빚、으、로、사、세、요

내 귀가 잘못되었나보다

저 달콤하고 예쁜

저, 여자를 믿지 못하다니!

신혼 여행

을 지리산으로 가고 싶구나
말쑥하게 차려 입고
야자나무 아래서
한라산 능선에서 입맞추고
껴안고 신혼의 성지처럼
어디나 비슷한 그런 장면보다
고랭지 이끼에 발을 딛고
다리가 햇빛 같은 거미랑
세월 흐름대로 이윽고 편히 누운
고사목이랑 노고단을 치받고
올라오는 운무랑 곁에 있어서
더욱 어여쁜 신부랑
숲 사이 자갈 사이 아슴아슴
길을 따라서, 그 옛날 화전민
이 땅을 더듬던 빨치산들이랑
통일 선봉의 젊은 가슴들 얘기하며
아니 아니, 그저 지리산자락
휘감겨 살아 왔던 숱한 목숨
눈을 감고 헤아리며
하늘 좀더 가까운 곳

우리 합궁의 밤을 밝히고
땀내 살내 바람내 어울려
세상을 바로 보고 싶구나
돌아 와 추억만으로 사진첩에 죽지 않고
산 하나 우리 둘 데불고 내려와
산을 오르는 마음으로
나의 신부여 살아가고 싶구나

시집

실수였어, 그게 얼만데
당신의 언어를
건드리지 말아야 했어, 그걸로
소주나 마실걸 나도
홧홧거리며 태양이나 될걸
당신의 상징은 진열대에서
아름답도록 나는 대낮 거리에서
부끄럽도록 당신은 행위의
기찬 표현만을 언어의 나는
기찬 행위만을 잡숫고 싶나니
그게 이유였어 술값이
없는 게 당신의 시로는
술이 되지 않는 게 시로는
취할 수 없는 게 실수였어

인생

귀를 막으면
조용할 줄 알았지.
근데 말이야
귀를 막아보면
외려 더 시끄럽단 말이야
아예 눈까지 감지 않는 한
웅웅거림이 드세지지.
그래서 말이야
듣고 싶지 않아도 들어야 하고
듣고 싶어도 못 들을 때가 있어야
그러다 보면
아침이 가고 저녁이 가고
술 한잔 하고
꽃잎도 떨어지고
그게 인생이라고
행여 노여워는 말아야 써야.

제4부

나는 왜 천연기념물이 아닌가

그대에게

종로건 안암동이건 신촌이건
마주쳤을지도 모를 그대
카키색 날이 선 제복들 벗어 놓고
이리 와 한 잔 하자구
밀고 밀림 속에서
혹간 내 돌맹이를 피하느라
혹간 또 나를 떼밀치기 위해
명령의 맹목을 회의하던 그대
과격도 탄압도 전진도 후퇴도
체포도 감금도 불신도 증오도
없이 살던 알몸 그대로
이리 와 무릎 맞대고 한 잔 하자구
맑은 물 한 모금 목을 축이며
얼굴 가리운 헬멧을 벗고
가슴까지 드리운 방패를 버리고
내 누르끼한 입마개도 버리고
우리 서로 사람임을 잊지 말자구
잊지 말자구 그대여

부드러운 시

고층 빙딩에서 지하 차도에서
가방응 등 내 앙에서
시위릉 구경하능 융교 위에서
추랑하능 새등
지 터정 하능응 버리고
지 트응궝 낭개릉 버리고
낭응 데로 낭응 데로 내려와서능
아스팡트에 공두방징
붕꽁으로 떵어지능
무형의 새등
무형의 꿍등
위로 차가 지나가고
그 위로 항성이 지나가고
빵강 바퀴 자궁이 희미해지명
어디서 또 새등이 추랑하고

대화 2

고문 · 살해 · 조작
–꽃구경 갈래
진달래 개나리
직격 최루탄 · 파편 · 실명 · 뇌사
–사진 찍히고 싶어
꽃 앞에서
이쁘게
민주독재공권력회복파괴용공좌경체제전복
–미스 코리아를 뽑는대
저엉말 예쁘더라
주인공이 제금났어
딴 여자랑
확실하게 · 단호한 · 용납 · 총궐기 · 식스틴 · 발본색원
–집을 짓는댔어. 정부에서
주택부금을 들어얄 텐데
창구단일화이적행위
–가계부는 내가 적을게
구속집단피습사전영장지명수배
신병확보구타뇌사상태분신소사휴교령위수령

대통령비상조치엄단엄단엄단
-5월은 계절의 여왕이랬는데
오월, 그 날이 다시 오면!

광고 5
–병

1.

난 느껴요오오
코카,
코카 코올라

2.
검은 늪처럼
달콤한 환각처럼
이 땅을 유린한 농염한 性徵처럼
잘록한 네 년 허리를 휘잡고
우리들의 분노 타는 가슴을
삼별초 횃불로 지펴
활활, 코카콜라, 되돌려 주마
활활, 코카콜라, 활활활!!!

광고 6

-어느 사업가의 입북

그가 목에 꽃다발을 들고
허옇게 웃고 있드만.
금단의 땅을 넘어
금단의 열매를 잡수셨는지
청문회완 영 딴 판으루다
웃고 있드만, 그의 웃음 아래
용팔이 개떼들 울산에 도열하고
일용할 양식
노동의 신새벽을 강탈당한
형제들 신음 깔리고
재우쳐 신문을 넘기니
절경 금강산으로
각목 선명한 피울음을 감추대!

타전

…북한 여자를 사랑하고 싶다 …
…차창 밖에서 손을 흔드는 여자…
…흰 블라우스 작업복의 여자…
…이빨이 희게 드러난 여자…
…종아리가 선명한 여자…
…취재 기자의 인상으로 새겨진 여자…
…푸른 이파리가 흔들렸던가…
…윤곽이 희미하면서도 뚜렷한 여자…
…발목은 잡풀에 담고…
…오른손을 흔드는 여자…
…왼손은 호미를 들었던 여자…
…웃음…
…북한 여자를 사랑하고 싶다…
…평양 번화가에서 카메라에 잡힌 여자…
…수영을 수양으로 알았던 여자…
…묘향산으로 수영을 다녀왔다는 여자…
…추석을 모르는 여자…
…종교요…
…교회는 몰라도 예배당은 아는 여자…
…예배당이 뭐 하는 곳인지는 모르는 여자…

…북한 여자를 사랑하고 싶다…

…안내원에 떠밀려 등만 보이는 여자…

…결혼을 하고 싶다는 여자…

…북한 여자를…

…남남북녀…

…내 남쪽과 그녀 북쪽을 섞고 싶음…

…발가벗고 서서…

…이념을 벗고 마주 서서…

…남자와 여자로 만나는 순리…

…그 간절함…

…우리 세대가 막음하기 전에…

…북한 여자를 사랑하고 싶다…

…돌이야

우리나라 인간 셋이면
안방이건 툇마루건
새마을호 통일호 비둘기까지
너를 부른다
목놓아 부른다

이르길 그리움도 아니요
남과 북 이산도 아니요
납치 유괴도 아닌 너를
돌이야 돌이야 자꾸 부른다
불러놓고 규칙은 만들기 나름
삼천리 곳곳에서 담합을 한다
점백, 점천, 삼오칠까지
오공복귀 돌이에서
청문회 오이팔, 오리발까지

설사에 똥피까지 빳기면서
치고 박고 싹쓸이
땡기느냐, 마느냐

흔들고 너를 부른다
바가지 바가지 피바가지
오, 황홀한 따따블까지
돌이야 돌이야 자꾸 너를 부른다

못다한 꿈
장군도 필요없고
대통령도 부럽잖은
아, 똘똘한 놈 셋만 있으면…

돌이야 지금도 너를 부르며
이 땅을 슬퍼하는 인간들 있다

친한 시

未親王이 있었다
그의 이름은 미친 왕
그의 왕국의 감방의 넘치는 囚人
양순한 그의 백성은 나날이 줄어들고
그의 이름은 미친 왕
나날이 느는 未親 백성
단호한, 단호한, 단호한
척결, 척결, 척결
수호, 또 수호, 수호
엄벌, 대처, 엄벌, 대처
그의 왕국의 발빠른 소식들
미친 개처럼 날뛸 때
아심지심 지핀 술수
꾀어들고 옭아매고 지지고 볶고 패대기치고
그의 이름은 미친 왕
줄줄이 굴비 두릅 엮으실 새…

떼거지論

의사당에 모이는 거지.
그렇게 민의를 날치기하는 거지.
쪽수라 이거지, 민주주의란.

갈 데까지 간 거지.

이용원에서
–고문

그가 움직이는 대로
내 머리는 잘 돌아 가
좌우는 바뀌었으나
상하는 변함없는 세상
수그려라 들어라 삐딱하게
돌려라 말은 없지만
그의 손 끝 까닭임 따라
내 목도 잘 조종돼

무료하기도 하고
잘리는 머리칼이 내 께 아닌 듯
이물감이 들기도 하고

잠이 들어
황홀한 꿈
잠이 깨
낯선 거울 속의 나

그가 잘 보도록 흐뭇하게 웃었어

면도날은 잊는 게 좋지

그는 콧구멍까지 쑤셔 대
세면대에 앉아
어린 아이처럼 다소곳이
비누칠 두 번
샴푸에 린스에
숨구멍이 답답해

주머니를 뒤적이는 동안
그는 또 다른 손님을 포박하고
뒤에서 가위를 움직여

쥐

놈의 옆길을 내가 막았을 때
놈은 뒤로 내뺐다.
터진 곳이라도 길 아님을
놈은 몰랐고 나는 알았다.
놈에게 안전을 보증할
어둠을 제공했다. 나는 밝은 곳에서
기다란 작대기로
책상 밑을 후벼 저었다.
기다란 작대기를 통해
놈의 촉감이 전해졌다.
놈이 소리를 지르지 않는다.
알았다, 이미 경험을 통해
놈의 교활함을
나는 서서히 잔인해진다.
즐기리라, 네 놈이 죽는 꼴을
놈의 출구는 없었다. 완전하게
신이 모습을 드러내지 않는 한
내가 쾌락을 포기치 않는 한
놈은 죽은 목숨, 서두르지 않았다.
놈이 바스락거린다!

나는 커다란 막대기를 사정없이 움직였다.
놈이 못 견뎌 튀어 나오면
밟아버릴 참이었다.
밟기보다는 걷어 차 버리기로 마음을 바꾼다.
놈은 쉽사리 나오잖을 모양이다.
내가 너를 죽이리라, 어서 오너라.
나는 기다렸다, 어서 오너라.

전직 대통령의 예우를 보며

1.
그 때 잘못했어, 총을
반납하지 말아야 했어 더러운
쥐새끼들이 들락거리며 우리를
염탐했을 때 쥐꼬리에 발톱에
그 놈의 내장에까지 득시글거리는 음모를
폭약과 함께 날려 버려야 했어
역사가 말해 주면 무엇 하나
역사의 입을 우리 손으로 열고
역사의 소리를 우리가 지켰어야 했어
그게 역사야, 그게 삶이야 싸워 쟁취할
우리들의 손, 우리들의 꿈, 우리들의 방아쇠
그걸 믿어야 했어.

2.
텔레비전을 보다가 욕을 했다.
편리하게, 원격조종으로다,
보기 싫은 얼굴을 날려 버렸다.
그러나 그는 여전히 쫑알대리라

쫑알대어라, 나는 좀 편하다
내뱉은 욕에 대해서
놀라고 있을 뿐이다.
연탄불을 갈다보면
잘 타지 못할수록
독하게 원한을 불사른다, 이걸 알아라
피멍처럼 군데군데 검은 불연소
직립하지 못한 불길은 혀를 숨긴 채
원한만 배출한다, 새겨들어라
이 땅의 음습한 저기압을 따라
공기구멍이 막히고, 연통이 침묵하고
불완전 연소가 채곡채곡 쟁인다

사냥

1.
사슴은 뛰는 재주나 있고
범은 사납기라도 하지
하물며 생쥐는 이빨이라도 빛나지만
요놈의 인간,
시위하는 멀대들,
뛰기를 잘 하나
사납기를 하나
이빨이나마 날카롭나
그저 펑펑 사과탄
엣다 퍼퍼펑 지랄탄
야호 신난다 쇠몽뎅이 찜
손이면 손,
머리면 머리,
닥치는 대로 조지고 나면
상화앙------끝!
잠못 잔 것도 시위 때문
외박 금지도 니들 때문
때문때문때문때문
때문에

"시위 대학생 백골단에 맞아 죽다"

2.
원격으로다
조종으로다
그런 사람은 꼼짝 않고
사냥 대회를 공식 주최한
고관대작은 여전히 무사하고
몰이꾼만 죽는구나
죄 없는 시위만 죽어나누나
"전경 5명 살인 혐의 기소"

3.
구태여 힘들지 말라
내가 가마
내가 통째로 구이가 되어
너희 아가리에 처박히마
찬란한 네 왕궁의 뜨락에
한 웅큼 불이 되어 내가 날으마
이 타는 가슴을 무엇으로 잠재우랴

나는 비록 콘크리트 위에 심지만
불꽃은 천지 사방 타오르리라
내가 가마
온 세상 들불 되어 내가 날으마
" 분신 또 분신 "

백령도

장산곶마루 밑이면서도
연안부두에 닻을 내린
한반도의 슬픔 덩어리.

나는 왜 천연기념물이 아닌가

이 험악한 세상
보호받고 싶어서가 아니다

백로야 청둥오리
너희들은 좋겠다

살아 있음을 축복받는 일

주민등록증 없이도
불심검문이 두렵지 않고

있는 때깔 그대로
온전한 증명이고

신원조회 시위전력
컴퓨터에 해부되지도 않고

너희들은 좋겠다만

천상천하 유아독존

하나뿐인 나는
왜 천연기념물이 아닌가

산티아고에 내리는 비

아옌데는 대통령을 버리고
총을 집었습니다.
그 나라는 망하지 않을 것이라고 믿는
우리의 포장마차는 너무 추웠습니다.
피노체트의 무장병력처럼 삼엄한 경계
전직 대통령의 예우를 담보 삼아
안주 삼아 핏대를 올려 보지만
국민의 뜻에 따라
희망찬 90년대가 밝아 와야 하고
국민의 뜻이 아니더라도
미래를 위해
과거를 묻어두자는 당신과
산티아고에 내리는 비,
자유의 피냄새를 위하여
부란덴부르크처럼, 차우체스크처럼은 안된다고
지금의 한반도는 아아 반반도에서는
시기 상조라고
우리가 무슨 힘이 있냐는 당신과
꼴뚜기의 싱싱함과 적정 술값을 염려하는
친애하는 국민 여러분으로는 어쩌겠냐는 당신과

당신보다 더 깊숙한 당신인 우리가
80년 광주로 갈 수만 있다면
칠레가 아니라 빛고을에 내리는 비,
함께 젖실 수 있다면

1990, 겨울, 모닥불, 문상

젊은 축의 안경, 내 생각은 말입니다, 우리가 양보허자 이겁니다. 아 동독하고 서독맨치로 대해주자 이겁니다. 안그랬다요? 서독서 동독헌티 아 느그들 가져가라, 공짜로 돈 줄티니께 가져가라 이겁니다. 쩌번에 머시냐 피바단가 뭣인가 두 시간 반이면 워떻고 세 시간이면 워띠야? 우덜이 개방하잔 것이지요. 나이든, 얼굴 벌건 양반, 소주를 뎁혀서 한 잔씩 권한다. 아 그래도 말이시 그 좌경화 땜시… 다시 안경, 그것은 말입니다. 내 생각으로는 정치 부재란 말입니다. 정치가 부재허다 보니께 반발심으루다 그러는 것이제 워디 김일성이 지령받고 그런 사람은, 글씨 몇 안될거랑게요. 떡을 집어 먹던 장갑 낀 젊은 네, 팔팔 년도에 비디오를 봤는디유, 거그 머시냐 청년들 모톼서 안기부에서 보여줬는디 네 시간인가 허드만요. 그란디 어떻게 찍었는지… 잘… 다시 안경, 그것이 다 일본이나 미국서 찍은 것이랑게, 다시 장갑, 그렇구만요, 근디 아조 못 사는 건 아닙디다. 머시냐 노동자나 밑엣층 빼놓고는 잘 살더랑게요. 우덜 맨치로 없는 것 별로 없시유. 그란디 그것 하나는 철저하게 하등만요. 공부요, 공부. 봤는디 아침에 탁아소에 애기들 맡게 놓고 하고 오후에 일 끝

나고 하고, 철저히 하등만요. 아 그라고 쪼그만 애기들 헌티 과자 줌시로 이것이 누가 준 것이냐 하믄 애기들이 김일성이만 찾더랑게요. 여기 저기서(아니 이 사람 저 사람이) 그래 말이여, 철저하더란 말이여. 다시 장갑, 또 거그는 철 하나는 많은 모양입디다. 맨 쇳덩어리만 보여 주등만요. 중국이나 소련에서 그것들을 가져 간답디다. 기술이 별로 없응게, 통일이 되면 좋을 것인디…

월정리 역

대합실 한 귀퉁이
말라붙은 개똥 지나
개찰구를 딛고 보니
사진보다 녹이 슨
사진보다 더 낡은
고철 덩어리
자빠져 있다.

저걸 누가 기차라고
철마는 달리고 싶다고
씨부릴 수 있을까

의정부나 동두천
접근 금지 성역처럼
주둔군이 안 보이는 건
그나마 안심

철원 평야
좌악하니 철로 깔아 놓고
기적소리 울리도록

우린 여기까지 왔노라
너희도 예까지 오너라
이런 정도도 못하면서
쓰겠는가 안보 관광

흰 페인트 유난히 깨끗한
월정리 역사 뒤
고철 덩어리

이선생님께

출판사에 전화를 겁니다.
몇 푼 과외로 벌기 위해
밤을 세운 원고들,
일류 출판사의 삼류 원고가 안 되기 위해
소리가 너무 컸나 보다,
퇴짜를 맞고
다시 손댑니다, 이놈의 사회는
너무 경직되었어, 씨부럴
고치면서도 핏대가 나고
아, 거 좋습네다, 그만둡시다
몇 번이고 집어 삼키다 스스로 학대하며
그래 한 번이다 눈 찔끔
사상이 뭐 대수냐,
출판사 처지도 생각하고
그렇게 길들여지는 모양입니다.
걸면 거는 대로
다 그런 거 아닙니까
맞아, 김부장 당신 말대로
두리뭉실 두리둥실
원고는 다시 짰지만

해직 삼 년 동안 눈이면 눈
코면 코 당당히 서 있는
선생님 얼굴만 또렷해 옵니다.

1993 여름

전교조 모임 있는 날
아들이 인사를 한다
아빠 안녕히 다녀오세요
말끄러미 쳐다보며 덧붙인다
나도 신촌 가고 싶은데
아빠랑 같이 가고 싶은데
다음에, 다음에 같이 가자
문고리를 거머쥔 등 뒤로, 다시
아빠 술 먹지 마세요
맥주 딱 하나만 먹으세요
네살박이 우리 아들
눈빛이 있는 한, 즐겁다
즐겁다는 건 그나마
밥줄이 붙어 있기 때문이리라
해직된 이선생 얼굴이 떠오른다
문민정부라더니 다르긴 다를까
교육부 장관과 전교조의 만남,
오랫만에 정말 오랫만에
그 동안 비껴 두었던 유행가도 불렀는데
선탈퇴 후복직이라니

아직은 철이른 유행가였을까
유행가를 부른다거나
부르지 않는다거나,
달라지는 건 없겠지 여전히
후원회 없는 세상에 살고 싶다는
광고는 유효하다
선택의 문제가 아니다
이제 분명하게 내 앞에
아들의 눈빛 속에도
길을 열어야 할 시점
착한 사람은 양심에 떨고
뻔뻔한 자들은 양심을 잊고 산다

나는 왜 천연기념물이 아닌가

찍은날 2017년 12월 15일
펴낸날 2017년 12월 20일
지은이 장우원
펴낸이 박몽구
펴낸곳 도서출판 시와문화
주 소 (13955) 경기 안양시 동안구 경수대로883번길 33,
103동 204호(비산동 꿈에그린아파트)
전 화 (031)452-4992
E-mail poetpak@naver.com
등록번호 제2007-000005호 (2007년 2월 13일)

ISBN 978-89-94833-33-0(03810)

정 가 10,000원